Tor!

Diese Lesemaus gehört:

____

Die besten Fußball-Geschichten

CARLSEN

INHALTSVERZEICHNIS

4

Conni spielt Fußball

Eine Geschichte von Liane Schneider
mit Bildern von Eva Wenzel-Bürger

5

Freistoß für Frieda

Eine Geschichte von Rüdiger Paulsen
mit Bildern von Daniel Kratzke

6

Wir spielen zusammen Fußball

Eine Geschichte von Frauke Nahrgang
mit Bildern von Stéffie Becker

1

Ich hab einen Freund, der ist Fußball-Trainer

Heute ist Freitag und endlich wieder Fußballtraining.
Gerade komme ich mit Mama vor dem Fußballplatz an,
da hält Norbert neben mir.
„Hallo, Steffen“, begrüßt er mich. „Bist du fit?
Wir haben morgen ein wichtiges Spiel.“
Norbert ist der Trainer des Fußballteams,
in dem ich spiele.

FSC Gut drauf 1900

In der Umkleidekabine ziehen sich schon einige meiner Mitspieler um. „Du musst die Stollenschuhe nehmen“, sagt Norbert zu einem Jungen. „Wir trainieren heute auf dem Rasenplatz, die Schuhe ohne Stollen gehen nur in der Halle oder auf Kunstrasen. Auf Rasen geben dir die Stollen mehr Halt.“

Heute ist das letzte Training vor dem wichtigen Spiel am Wochenende, dann geht es um den Pokalsieg.

Wie immer beginnen wir mit Aufwärmübungen. Die sind wichtig, damit wir uns nicht verletzen oder etwas zerren. Norbert kennt sich aus und gibt genaue Anweisungen, er war nämlich mal Profispieler bei einem Ligaverein. Außerdem hat er einen Trainerschein machen müssen, da lernt man alles, was man bei diesem Beruf wissen muss.

Nach dem Aufwärmen üben wir mit den Bällen dribbeln, passen und Torschüsse. Auch hier gibt Norbert Anweisungen: „Den Körper beim Schuss über den Ball, Steffen“, ruft er mir zu, „so kannst du den Ball besser kontrollieren.“

Nach dem Training treffen wir uns alle noch zusammen mit unseren Eltern im Vereinshaus. Weil morgen das wichtige Pokalspiel ist, bespricht Norbert mit uns die Taktik und die Aufstellung unseres Teams. Unser letztes Spiel hat er mit einer Kamera gefilmt. So kann er uns zeigen, welche Fehler wir gemacht haben und was wir besser machen sollten. Der Verein spendiert für alle Kinder eine große Apfelsaftschorle. Lecker!
Dann gibt es noch eine große Überraschung für alle.

Norbert hat von seinem ehemaligen Ligaverein Freikarten für ein Spiel bekommen. Zusammen mit unseren Eltern gehen wir nach der Besprechung in das große Stadion und schauen uns von der hohen Tribüne echte Profis bei der Arbeit an. Das ist ein toller Abschluss für den Trainingstag.

TSV
Fortuna
TSV
Fortuna
TSV
TSV
Fortuna

Heute ist der große Tag. Beide Teams stellen sich auf dem Spielfeld auf. In der Mitte sind der Schiedsrichter, eine Linienrichterin und ein Linienrichter. Ganz außen stehen mein Trainer und die Trainerin des anderen Teams. Unser Spielführer überreicht der gegnerischen Spielführerin einen Vereinswimpel und bekommt auch von ihr einen Wimpel geschenkt. Sie geben sich die Hände. Dann ermahnt der Schiedsrichter alle zum fairen Spiel und kurz darauf beginnt die erste Halbzeit.

SV05
SV 05
SV 05
SV 05

Norbert verfolgt das Spiel von der Trainerbank aus und gibt immer wieder Anweisungen. Wir rennen viel und geben unser Bestes. Wenn einer von uns erschöpft ist, wechselt Norbert einen frischen Spieler ein. Außerdem ist es gerecht, wenn jeder oder jede aus dem Team spielen kann.
Unsere Betreuerin Sabine verfolgt das Spiel ebenfalls genau. Sie kümmert sich um uns, wenn wir vom Spielfeld kommen. Vor allem achtet sie darauf, dass wir viel trinken.

Dann ist Halbzeitpause. Norbert gibt Tipps für Verbesserungen, Sabine kümmert sich um Verletzte. Gerade kühlt sie das Knie von Franko, der einen Tritt gegen das Bein bekommen hat.

C

Das Spiel ist schon fast zu Ende, da bekomme ich eine Flanke von unserer Mittelfeldspielerin genau vor die Füße. Ich brauche nur noch zu schießen. Diesmal achte ich darauf, den Körper über den Ball zu bekommen. Und tatsächlich geht er unhaltbar in der rechten Ecke ins Tor. Kurz danach ist das Spiel zu Ende und wir gewinnen 1:0.

Nach dem Spiel geht Norbert zum gegnerischen
Team und bedankt sich für das faire Spiel.

Der Jubel ist groß, als unser Team schließlich den Pokal in Händen hält. Am nächsten Tag ist in der Zeitung sogar ein Bericht vom Spiel mit einem Foto von uns. Wir sind alle mächtig stolz.

NEUE NACHRICHT
SPORT

Großartiger Erfolg der F-Jugend im alten Stadion

dpa. Gestern gab es endlich mal wieder einen sportlichen Höhepunkt zu feiern. In einem spannenden Finale konnte sich die F-Jugendmannschaft des 1.FC Sternberg gegen den SC Mondhausen mit einem 1:0 durchsetzen und den Pokal für sich gewinnen. Kurz vor Spielende gelang es dem Mannschaftskapitän nach einer perfekten Vorlage durch die Mittelstürmerin, den Ball unhaltbar unter der Latte im Tor zu platzieren. Dank einer intensiven Vorbereitung konnte der Trainer die Mannschaftsleistung in diesem Jahr so weit steigern, dass der Pokalgewinn in greifbare Nähe rückte.

Eine großartige Leistung des Teams und ein gelungener Abschluss der diesjährigen Spielsaison.
Unseren herzlichen Glückwunsch!

Basketballverein feiert sein 25-jähriges Jubiläum

afp. Mit einer großen Feier im Vereinszentrum des BV Sonnental wurde am Samstag das 25-jährige Vereinsju-

keit, sich selbst unter dem Korb zu versuchen und sich von der Leiden-

Am Tag nach dem Spiel treffen wir uns alle noch mal im Vereinsheim. Der Pokal bekommt einen Platz im Trophäenschrank und der Vereinsvorsitzende bedankt sich bei uns für unseren Einsatz. Und bei Norbert für seine hervorragende Arbeit als Trainer, denn ohne ihn hätten wir den Pokal bestimmt nicht gewonnen. „Ehre, wem Ehre gebührt!“, heißt es doch immer.

2

Ich hab einen Freund, der ist
Fußball-Profi

„Hallo, Sportsfreund, bist du so weit?“, ruft jemand über den Gartenzaun. „Das Training fängt gleich an!“ Vor der Tür steht mein Freund Philipp mit seinem Rad. Er ist Mittelfeldspieler in dem Fußballverein in unserer Stadt und spielt in der 2. Bundesliga.

Heute darf ich mit ihm zum Profitraining gehen.
Ich spiele auch im Fußballverein, in der F-Jugend.
„Bis nachher“, ruft Mama uns nach, „und viel Spaß!“

In der Kabine ziehen wir uns zusammen mit den anderen Spielern von Philipps Team um. „Die Schienbeinschoner kommen unter die Stutzen“, erklärt Philipp. „Die müssen wir tragen, um Verletzungen an den Beinen zu verhindern.“ Der Torwart trägt ein Trikot in einer anderen Farbe. So kann man ihn besser vom Rest der Mannschaft unterscheiden. Seine Kleidung hat überall Polster, damit er sich nicht verletzt, wenn er sich nach dem Ball wirft. Außerdem trägt er Handschuhe, mit denen er den Ball gut fangen und festhalten kann. Fußballschuhe mit Stollen tragen alle Spieler. Ich auch, denn wir trainieren heute auf dem Rasenplatz.

1.HFC
PIXI

Auf dem Platz machen sich alle mit verschiedenen Übungen warm. Das ist wichtig, damit die Muskeln weich werden. Die Spieler könnten sich sonst leicht verletzen. Durch verschiedene Übungen mit und ohne Ball werden Kraft, Ausdauer und Beweglichkeit trainiert. Das machen wir bei mir im Verein auch zu Beginn des Trainings so.

Der Trainer übt mit einigen Spielern das Schießen von Freistößen. In jedem Team gibt es Spezialisten dafür. Der Ball muss dabei geschickt an der gegnerischen Mauer vorbeigeschossen werden. Statt einer Mauer aus echten Spielern wird aber mit Plastikfiguren trainiert.

Auch der Torwart muss bestimmte Situationen, die immer wieder vorkommen, üben. So wie seine Mitspieler das Schießen von Toren trainieren, übt er mit dem Torwart-Trainer das Halten von Freistößen und Eckbällen. Um Fehler später besser besprechen zu können, filmt ein Betreuer das Training.

„Nach dem Training wird geduscht, genau wie bei euch im Verein", sagt Philipp zu mir. „Und danach kommt bei uns noch die Theorie." Der Trainer bespricht mit dem Team die Taktik und die Aufstellung für das wichtige Spiel in zwei Tagen. Er legt fest, wer auf den verschiedenen Positionen spielt. Auch Laufwege werden besprochen und wer wen aus dem gegnerischen Team bewachen soll.
Philipp wird vom Physiotherapeuten am Bein behandelt, da er erst vor Kurzem eine Verletzung auskuriert hat.

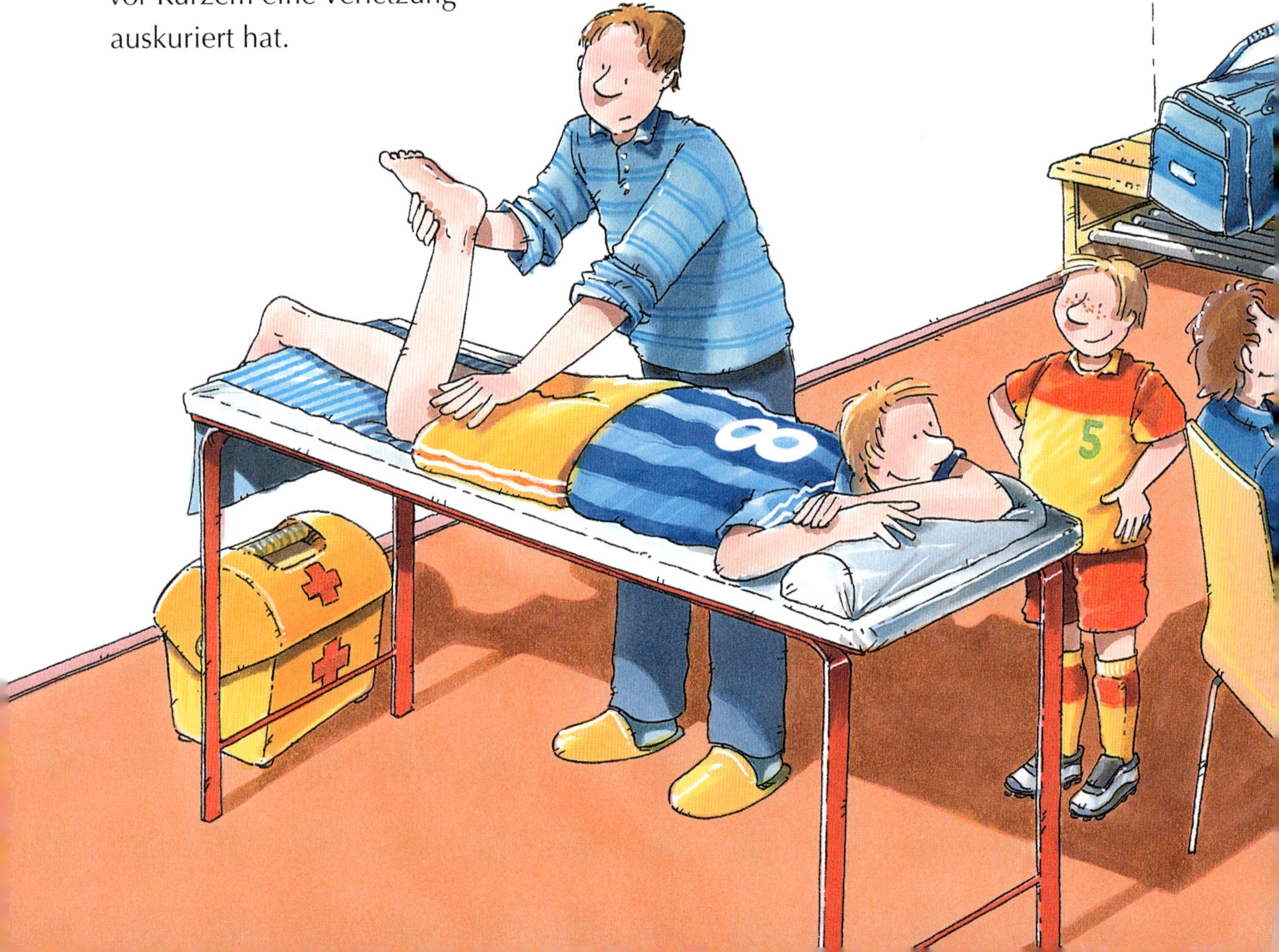

Philipp zeigt mir ein Bild von einem Spielfeld, auf dem die Positionen der Spieler zu sehen sind. Jeder übernimmt im Spiel eine bestimmte Aufgabe. Die Verteidiger beschützen vor allem das eigene Tor. Die Mittelfeldspieler versuchen, anzugreifen und den Gegner aufzuhalten. Die Stürmer sollen möglichst viele Tore schießen. Deswegen stehen sie oft nah am gegnerischen Tor. Auch die Bezeichnungen der Linien sind auf dem Spielfeld eingetragen. Die meisten davon kenne ich schon. Auch den Fünfmeterraum vor dem Tor. In diesem Bereich, dem Torraum, darf der Torwart nicht bedrängt werden. „Sonst bekommt man eine Gelbe Karte", erklärt Philipp. „Das ist sozusagen eine Verwarnung. Bei groben Regelverstößen bekommt man die Rote Karte und muss vom Platz gehen."

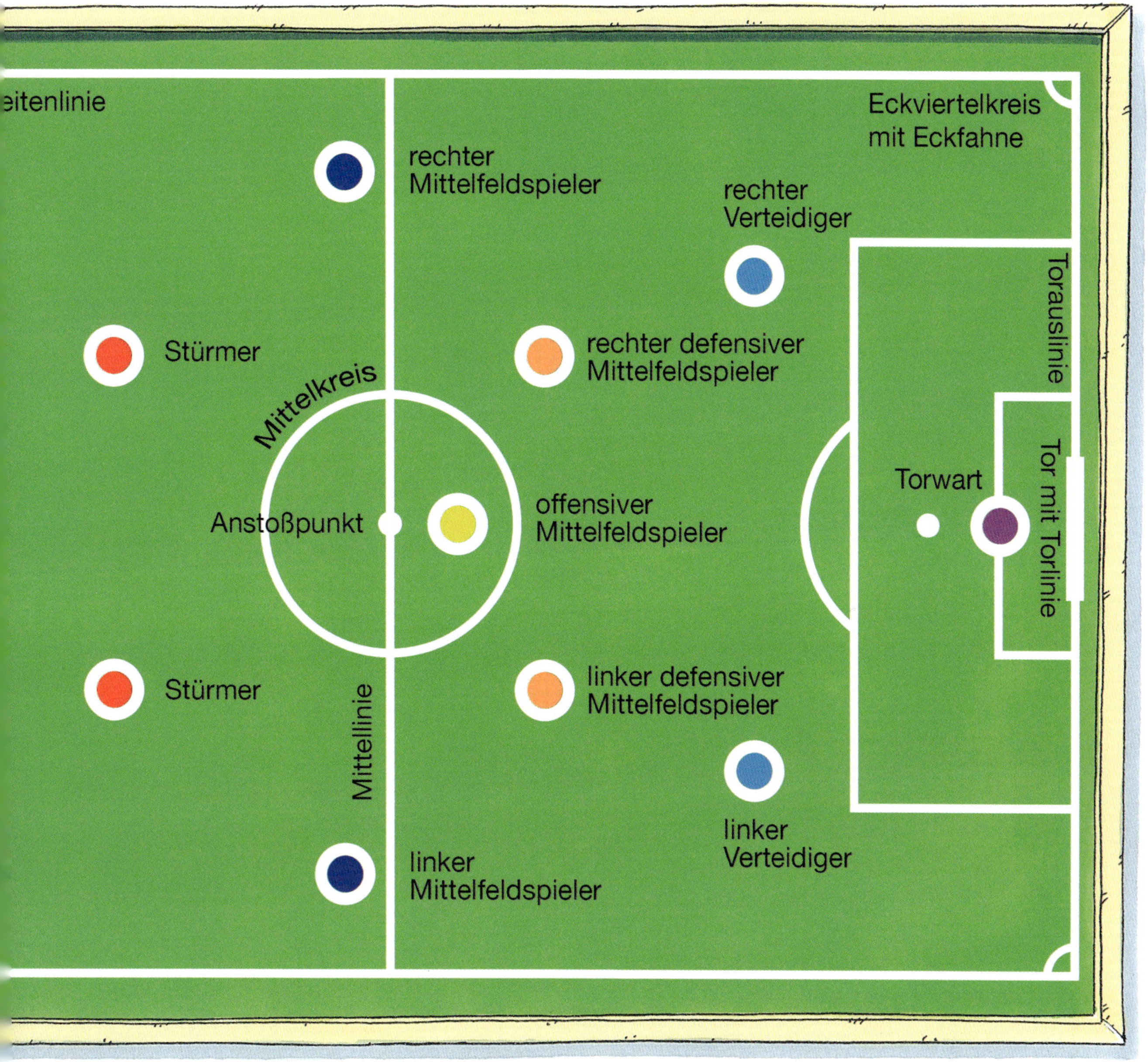
eitenlinie
rechter Mittelfeldspieler
Eckviertelkreis mit Eckfahne
rechter Verteidiger
Torauslinie
Stürmer
rechter defensiver Mittelfeldspieler
Mittelkreis
Torwart
Tor mit Torlinie
Anstoßpunkt
offensiver Mittelfeldspieler
Stürmer
linker defensiver Mittelfeldspieler
Mittellinie
linker Verteidiger
linker Mittelfeldspieler

5

In seiner Freizeit trainiert Philipp selbst ein Kinderteam. Heute bin ich sein Co-Trainer und unterstütze ihn. Während Philipp mit einigen Kindern im Slalom um Hütchen herum das Dribbeln übt, trainiere ich Kopfbälle. Wenn man den Ball richtig mit der Stirn trifft, tut es gar nicht weh.

Heute ist der große Tag: Philipps Team hat sein wichtiges Spiel!
Papa geht mit mir und meiner Schwester ins Stadion. Wir sind große Fans des Teams und tragen Schals und eine Fahne in den Vereinsfarben. Manche Fans haben auch Instrumente oder Tröten dabei, mit denen sie ihren Verein anfeuern möchten.
Am Eingang werden alle Taschen kontrolliert, denn aus Sicherheitsgründen dürfen keine Glasflaschen oder Alkohol mit ins Stadion genommen werden.

1.HFC PIXI
Klaus-Humann-Stadion
EINGANG
KASSE
1.HFC PIXI
ORDNER
ORDNER
ORDNER
KASSE
1.HFC PIXI

Das Spiel ist spannend. Immer wieder versuchen beide Teams, am Gegner vorbeizukommen und ein Tor zu schießen. Manchmal wird auch unfair gespielt und gefoult. Dann gibt es einen Freistoß. Aber insgesamt verläuft das Spiel fair und gerecht. Dafür gibt es ja auch den Schiedsrichter, der die Einhaltung der Regeln überwacht. Er muss ganz schön viel laufen, denn er sollte sich immer in der Nähe des Balls befinden, um das Spiel genau beobachten zu können.

1.HFC
PIXI

Ein Mitspieler von Philipp hat sich bei einem Sturz am Oberschenkel verletzt. Der Trainer beschließt, ihn auszuwechseln. Diesen Wechsel zeigt der Linienrichter mit seiner Fahne an. Der Schiedsrichter unterbricht das Spiel und sein Assistent zeigt auf einer Tafel die Nummer des Spielers an, der vom Feld gehen muss und welcher Spieler dafür ins Spiel kommt. Der Trainer darf während des Spiels den Bereich vor der Ersatzbank nicht verlassen. Vor dem Wechsel gibt er dem neuen Spieler noch Anweisungen. Dann geht das Spiel weiter.

8 12
1.HFC
PIXI

Schiedsrichterpfeife

Kapitänsbinde

Sporttasche

Trinkflasche

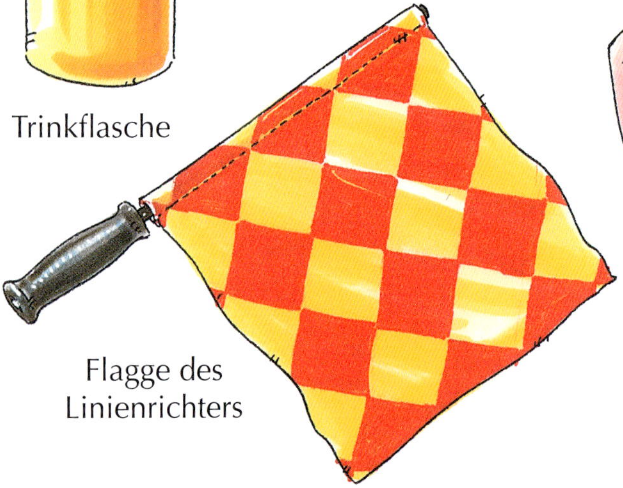

Flagge des
Linienrichters

Videokamera

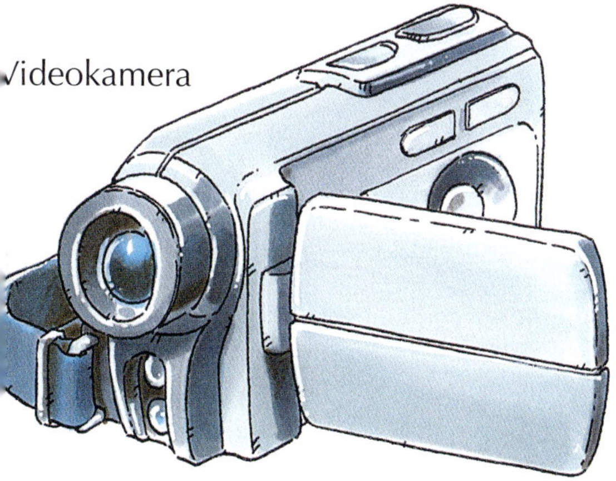

Torwarthandschuhe

Schienbeinschoner

Stutzen

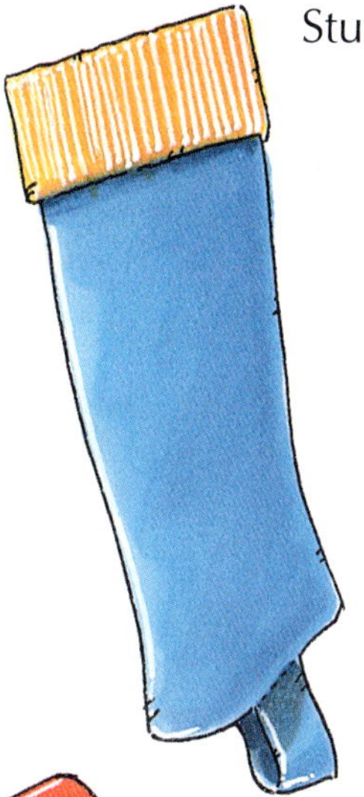

Ordnermütze

Trainingshütchen

Rote und Gelbe Karte

Das Spiel ist bis zum Ende spannend, auch wenn es unentschieden ausgeht. Philipp schießt in letzter Minute das Ausgleichstor! Beim Schlusspfiff steht es 2:2. So bekommt jede Mannschaft einen Punkt und die Fans beider Vereine können jubeln. Morgen beim Training werde ich mir wieder besonders viel Mühe geben, denn später möchte ich auch Fußball-Profi werden. Ein richtig guter Fußballfan bin ich ja jetzt schon, sagt Philipp.

3

Max wird Fußball-Weltmeister

Max und seine Freundin Pauline
trainieren im Garten Fußball.
„Tor, Tor, Tor!“, ruft Max.
„Wir werden Weltmeister!“

„Da lachen ja die Hühner!“, sagt Tim, der Nachbarsjunge mit der größten Klappe weit und breit. „Hannes, Alex und ich sind zehnmal besser als ihr! Und wer mit Mädchen trainiert, wird nie Weltmeister. Mädchen haben nämlich überhaupt keine Ahnung von Fußball.“

„Wenn hier einer keine Ahnung hat, dann bist du das!“
Pauline zeigt Tim einen Vogel.
„Wir werden ja sehen, wer Weltmeister wird!“, ruft Max wütend.
„Am Samstag auf dem Bolzplatz. Drei gegen drei!“
Tim lacht dreckig. „Einverstanden!“

Zum Glück hat Max ausnahmsweise keinen Streit mit seinem großen Bruder Felix. Denn Felix ist nicht nur ein spitzenmäßiger Torwart, er hat auch eine Ahnung vom knallharten Fußballtraining.
Er übt mit Max und Pauline. Sie treten den Ball mit der Innenseite, der Außenseite und der Oberseite des Fußes.
„Ihr müsst den Ball immer erst richtig annehmen und dann schießen.

Sonst springt er euch nur
vom Fuß“, erklärt Felix.
Und natürlich haben Max und
Pauline auch ein knallhartes
Torwarttraining für Felix auf Lager.

„O nein! Ich Esel!“ Die Mama von Max zieht die Wäsche aus der Waschmaschine. Ihr neuer quietschgrüner Rock hat sich mit in die Maschine verirrt. Jetzt ist alles grün: sogar die weißen T-Shirts.

Max findet nicht, dass seine Mutter ein Esel ist. Sie hat vielleicht keine Ahnung vom Waschen, aber die drei hellgrünen T-Shirts sind wunderbar: Aus denen kann er Trikots für Felix, Pauline und sich selbst basteln.
„Prima Idee“, sagt Pauline am Nachmittag. „Übrigens habe ich für den Sieger einen Überraschungs-Pokal auf Lager!“
Max will natürlich wissen, wie dieser Pokal aussieht, aber Pauline hält dicht und verrät nichts.

„Auf geht's, ihr Luschen!", ruft Tim am Samstag. Er hat seine Freunde Hannes und Alex mitgebracht.
Die erste Halbzeit beginnt. Irgendwie wird Max das blöde Gefühl nicht los, dass Tim und Hannes wirklich viel besser Fußball spielen als Pauline und er. Die beiden passen sich die Bälle zu, während Max und Pauline nur hinterherrennen, bis ihnen die Puste ausgeht. Zum Glück ist Felix ein weltmeistermäßiger Torwart.

Aber plötzlich ist Hannes ganz allein
vor dem Tor.
„Max! Pauline! Wo ist die Abwehr?“,
schreit Felix.
Und bevor Max oder Pauline bei ihm sind,
schießt Hannes …

... ein Tor!

1:0 für die Angeber.

„Pauline! Warum passt du nicht besser auf?"
Max ist stinksauer. Pauline hätte Felix helfen müssen.
„Pass doch selbst auf!", motzt Pauline zurück.
Aber da schnappt sich Tim schon wieder den Ball und stürmt grinsend auf das Tor zu. Max könnte schreien vor Wut, als er hinter Tim herrennt. Dieser Angeber soll nicht das nächste Tor schießen!

Max versucht, ihm den Ball abzuluchsen. Aber Tim trickst ihn geschickt aus. Da platzt Max der Kragen: Er stellt dem Angeber ein Bein. Tim fällt hin. Aber er springt sofort wieder auf. „Das ist Foulspiel, du Blödmann!“ Er will sich auf Max stürzen, aber Hannes und Felix halten ihn zurück.

„Max, so geht das nicht!“, schimpft Felix in der Halbzeitpause. „Du musst dich mit Pauline vertragen. Ihr seid doch ein Team! Außerdem entschuldigst du dich sofort bei Tim für das Foul!“

„Niemals! Der ist doch selbst schuld!“, ruft Max wütend.

Tim ballt die Fäuste und kommt auf Max zu. „Das war total unfair!“

Felix zieht seine Torwarthandschuhe aus. „Wenn du dich nicht sofort entschuldigst, Max, dann bin ich nicht mehr euer Torwart!“

„’tschuldigung, Tim“, murmelt Max schnell.

Aber eigentlich findet er doch, dass der Angeber das Foul verdient hatte.

„Gib ab!“, ruft Pauline in der zweiten Halbzeit, als Max den Ball bekommt. Er schießt zu ihr und sie rennt ein paar Schritte vor. Als Tim und Hannes sich ihr in den Weg stellen, spielt sie wieder zu Max. Tim und Hannes rennen mit hängenden Zungen hinterher. Plötzlich steht Pauline vor dem Tor. Max passt ihr den Ball zu. Sie schießt und trifft! 1:1!
Na endlich!
Max und Pauline jubeln. Max findet es nur blöd, dass Pauline das Tor geschossen hat – und nicht er selbst.

Plötzlich läuft das Spiel viel besser für Max und sein Team.
Als Tim doch noch einmal auf das Tor von Felix zustürmt, schießt Max ihm den Ball vor den Füßen weg – ohne Foulspiel! Ganz fair!
„Super gemacht!“, ruft Felix. „Schieß rüber zu Pauline!“
Max passt quer über das Feld zu seiner Freundin und rennt selbst vor zum Tor der Gegner. Pauline flankt ihm den Ball zu. Aber als Max schießt, rutscht er aus. Mist! Max fliegt auf den Rasen und der Ball landet …

... im Tor!

Max hat ein Tor geschossen! 2:1 für Max, Pauline und Felix!
Schon nach ein paar Minuten ist die zweite Halbzeit vorüber.
Max, Pauline und Felix haben gewonnen. Sie sind die Weltmeister
und dürfen Paulines Pokal auspacken!

„Lecker! Der Weltmeister-Pokal ist sogar voller Bonbons!“, ruft Max, um Tim ein bisschen zu ärgern.

Aber da klaut Tim den Pokal und haut ab.
„Na warte, das gibt weltmeistermäßigen Ärger!“,
ruft Max und rennt hinterher.

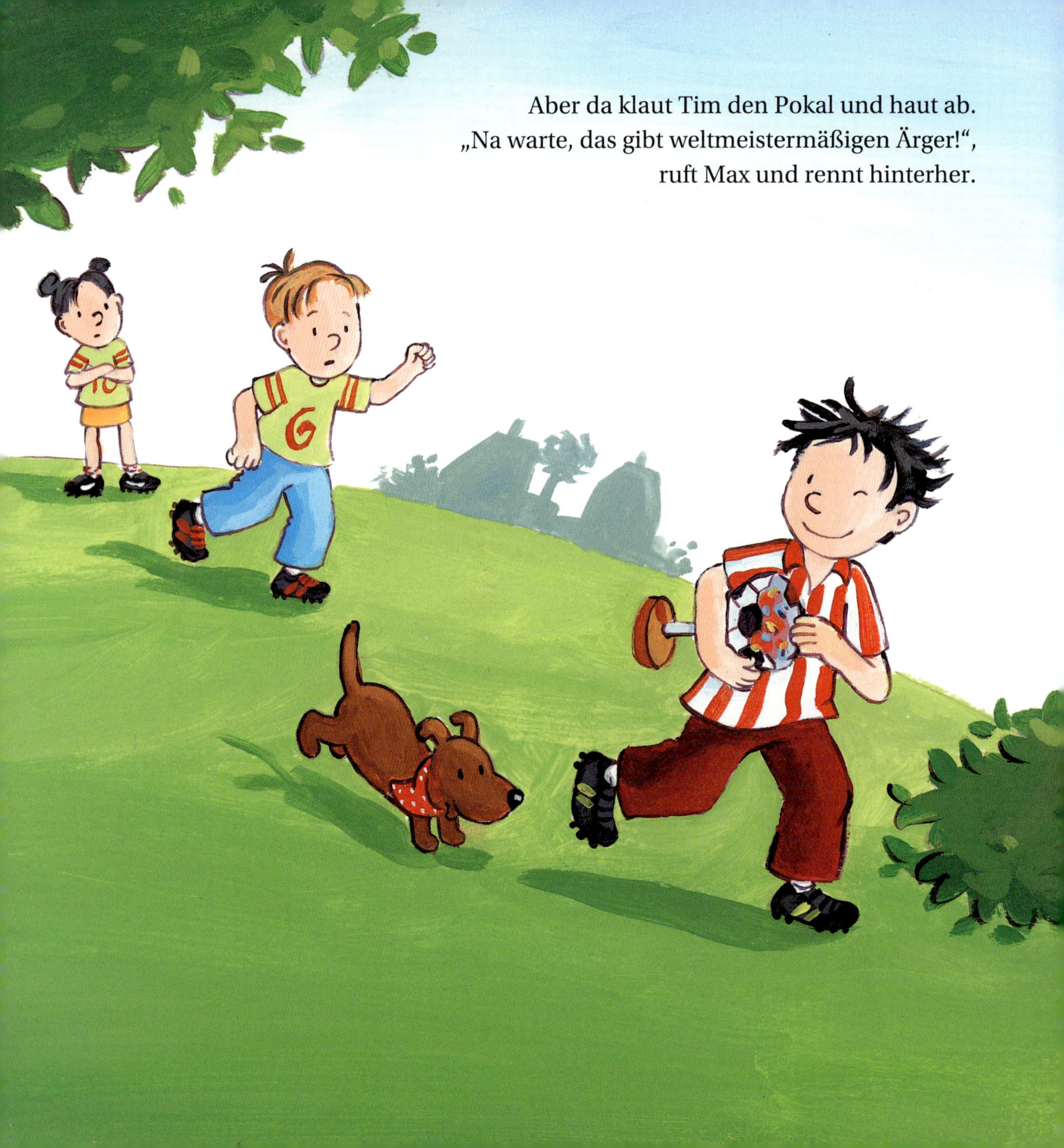

4

Conni spielt Fußball

„Tor, Tor!“, brüllt Conni. Begeistert springt sie hoch und winkt mit dem Vereinsfähnchen. Gerade hat Onkel Günter auf dem Fußballfeld den Siegestreffer geschossen. Ganz kurz vor dem Abpfiff! Alle Spieler umringen ihn. Die Zuschauer jubeln. Conni ist so stolz! Sie läuft schnell zu ihm. Günter hebt sie hoch und wirbelt sie herum. Conni ist froh, dass sie ihre Mama überredet hat, mit zum Fußball zu gehen. Hier ist richtig was los!

Aber nicht nur Günter kann Tore schießen. Conni kann das auch. Den ganzen Nachmittag muss Günter mit ihr im Garten Fußball spielen. Conni ist begeistert. Sie will unbedingt im Verein spielen. „Gibt es denn ein Fußballteam für so Kleine?“, will Mama wissen. „Klar“, grinst Günter, „wir haben doch die Pampersliga.“ Conni protestiert – sie braucht doch gar keine Windeln mehr! Günter beruhigt sie: Sie wird in der F-Jugend spielen.

Schon am nächsten Dienstag holt Günter Conni ab. Er hat für sie ein Trikot und eine kurze Hose in den Vereinsfarben dabei.

Jetzt braucht Conni nur noch Fußballschuhe, aber für das erste Training reichen normale Turnschuhe auch. Aufgeregt fährt Conni mit Günter zum Fußballplatz. Günter kennt den Trainer und hat ihm von Conni erzählt. „Das ist also unsere neue Spielerin!", sagt der Trainer. „Ich bin der Herr Malz, aber alle nennen mich Malzi."

Malzi stellt Conni den anderen Kindern vor. Alle sagen ihre Namen und Tobi will wissen, woher Conni das Trikot hat. Dann ruft Malzi: „Warm laufen, einmal um den Platz!“
Alle laufen, nur Conni nicht. „Ich bin schon warm“, sagt sie, denn es ist heiß heute. Malzi lacht: „Deine Muskeln musst du trotzdem warm machen.“

Nach dem Laufen machen sie noch ein paar Turnübungen.
Conni kommt richtig ins Schwitzen. Sie strecken die Arme hoch über den Kopf, sie bücken sich und versuchen, die Zehen mit den Fingern zu berühren. Sie dehnen die Beinmuskeln und hüpfen auf der Stelle. Endlich bekommt jeder einen Fußball.

Nun sollen sie den Ball unter einem Fuß vorwärts, rückwärts und seitwärts rollen. Dann üben sie das Dribbeln. Dabei läuft man vorwärts und tippt den Ball immer wieder kurz und schnell an, ohne dass er zu weit wegrollt. Es ist gar nicht so leicht.
Danach spielen sie Ballabjagen.

Das macht Spaß, aber Conni will endlich richtig Fußball spielen und Tore schießen. Doch erst am Ende des Trainings gibt es ein echtes Spiel. Tobi schießt gleich ein Tor. Leider ist es ein Eigentor. Der Ball muss in das gegnerische Tor, nicht in das Tor des eigenen Teams.
Conni weiß das schon lange.

Nachdem Conni ein paar Mal beim Training war, braucht sie dringend einen Schutz für ihre Schienbeine. Die sind voll blauer Flecken, weil Henning statt des Balles manchmal Connis Beine trifft. Außerdem braucht sie unbedingt Fußballschuhe mit solchen Knubbeln dran!

Papa sagt, die Knubbeln heißen „Stollen“. Conni findet das witzig, weil es Stollen mit Marzipan doch immer zu Weihnachten gibt. Mama geht mit ihr einkaufen. Zu Hause testet Conni gleich ihre neuen Fußballschuhe. Damit kann sie besser spielen. Sie rutscht nun nicht mehr so leicht auf dem Rasen aus.

Conni ist völlig vom
Fußballfieber gepackt.
Sie kickt alles vor sich her,
was ihr in den Weg kommt,
egal ob es ein Stein oder
eine leere Dose ist.

In jeder freien Minute spielt sie mit ihren Freunden Fußball. Manchmal spielen Mama und Papa mit. Samstags guckt Conni mit Papa Fußball im Fernsehen. Bald kennt sie die Namen von vielen Spielerinnen und Spielern und kann Mama erklären, was „Abseits" ist. Mit Lars, Henning und Steffi tauscht sie Fußballbilder. Sie hat schon ganz viele.

Conni verpasst nie eine Trainingsstunde. Sie traut sich, jeden Ball anzunehmen, selbst wenn der starke Benni schießt. Sogar Kopfball kann sie, und weil Conni viel schneller ist als Jan oder Tobi, kann sie ihnen ruck, zuck den Ball abnehmen. Nun will Malzi sie als Stürmerin in einem wichtigen Punktspiel am nächsten Sonntag spielen lassen. Conni ist riesig stolz.

Doch am Dienstagmorgen tut ihr der Hals weh und am Nachmittag hat sie sogar Fieber. Sie darf nicht zum Training. Conni weint. Bestimmt kann sie am Sonntag nicht mitspielen. Aber sie will doch die anderen nicht im Stich lassen! Conni trinkt so viel Vitaminsaft wie noch nie und isst all das schrecklich gesunde Gemüse, das Mama ihr kocht. Sie will schnell wieder gesund werden.

Zum Glück ist Conni am Freitag wieder fit und darf zum Training. Sie strahlt, als Malzi sagt, dass es bei der besprochenen Teamaufstellung bleibt. Den ganzen Samstag übt Conni Tore schießen.

Heute ist es so weit. Das Punktspiel der F-Jugend wird angepfiffen. Conni ist furchtbar aufgeregt. Papa, Mama und Onkel Günter stehen am Spielrand und feuern Connis Fußballteam an. Onkel Günter schreit am lautesten.

Trotzdem schießen sie in der 1. Halbzeit nur ein Tor und die anderen zwei. Aber Malzi spendiert in der Halbzeitpause allen einen Orangensaft und muntert sie auf. Er meint, die anderen sähen schon ganz müde aus.

Das Spiel geht weiter. Anna bekommt den Ball und schießt.
„Tor“, rufen alle Zuschauer begeistert.
Doch noch ist das Spiel nicht zu Ende. Beinahe landen die anderen einen Treffer, aber Torhüter Lars hält den Ball.
Kurz vor dem Schlusspfiff kommt es zu einem Foul.

Ein Junge des anderen Teams schubst Conni ganz gemein. Dafür erhält er die Gelbe Karte und Conni bekommt einen Freistoß. Conni tritt den Ball mitten ins Tor. Alle jubeln! Connis Team hat gesiegt! Zur Feier des Tages lädt Onkel Günter den Fußballnachwuchs zu einem Eis ein.

Am nächsten Tag ist Conni sogar auf der Sportseite der Zeitung zu sehen. „Schießt wie ein Profi: Conni aus der F-Jugend“, steht darunter. Conni schneidet das Foto gleich aus und klebt es zu ihrer Fußballbildersammlung. Nun ist sie auch ein echter Fußball-Profi!

5

Freistoß für Frieda

Frieda hat zwei große Brüder,
Jan und Kalle, zehn und zwölf,
beide spielen sie begeistert
Fußball beim FC Bad Fölz.

Frieda will auch Fußball spielen.
Jan und Kalle meinen: „Nein!“
„Mädchen können doch nicht kicken
und schon gar nicht im Verein.“

BLOCK S Platz Nr. 0480
Spiel No. 24
okalsieger
1975

Frieda findet Fußball klasse,
spart ihr ganzes Taschengeld,
kauft sich rote Fußballschuhe,
geht am Samstag mit aufs Feld.

„Hallo, Frieda“, sagt der Trainer,
„zeig mal deine Schuhe vor.
Ausgezeichnet, das passt prima.
Jemand fehlt bei uns im Tor.“

Frieda ist zwar etwas kleiner
als die Jungen auf dem Feld,
aber sie kann super springen,
auch wenn's Kalle nicht gefällt.

Abstoß! Frieda kickt die Pille
weit hinein ins Fußballgrün.
„Klasse“, ruft der Fußball-Trainer,
„dieser Schuss war wirklich kühn.“

Jan erwischt den weiten Abschlag,
stoppt den Ball und flankt zu Paul.
Paul spielt schnell zu Kalle weiter,
der verpasst und spielt ein Foul.

Freistoß für das andre Team,
Torentfernung nicht sehr groß.
Frieda konzentriert sich, fragt sich:
„In welche Ecke kommt der bloß?“

Und schon kommt der Ball geflogen,
angeschnitten, ziemlich krumm
fliegt er hoch in weitem Bogen
um die andren Spieler rum.

Frieda macht zwei schnelle Schritte,
duckt sich kurz und springt dann ab,
fängt den Ball und landet sicher
vor dem Tor im grünen Gras.

Und dann geht es auch schon weiter,
alle wollen nun ein Tor,
doch mit Frieda in der Kiste
kommt das nicht so häufig vor.

Frieda springt und hüpft und hechtet,
mischt sich ein ins Abwehrspiel,
exzellente Glanzparaden,
ja, die Frieda, die hält viel.

Plötzlich gibt es ein Getümmel
vor dem gegnerischen Tor.
„Handspiel!“, rufen Jan und Kalle,
so was kommt beim Fußball vor.

Freistoß nun für Friedas Team,
eine top Gelegenheit.
Fünfzehn Meter bis zum Kasten,
das ist wirklich nicht sehr weit.

Und am Spielfeldrand der Trainer
brüllt übers ganze Fußballfeld:
„Frieda soll den Freistoß schießen."
Ob der Torwart den wohl hält?

Frieda rennt mit langen Schritten
vor das gegnerische Tor,
peilt die Lage, gibt Kommandos,
kratzt sich kurz am linken Ohr.

Dann geht sie sechs Schritte rückwärts,
trippelt zweimal, rennt dann los,
drischt mit ihrer ganzen Power auf
den Ball, das klappt grandios.

Geradeaus, mit hundert Sachen,
fliegt er übers Spielfeld hin
schräg von links über die Spieler,
volles Rohr! Das Ding ist drin.

Keine Zeit zum großen Jubeln,
Frieda läuft ganz schnell zurück,
schließlich ist sie eine Torfrau,
mit dem Freistoß, das war Glück.

Doch der Trainer sieht das anders.
„Frieda“, ruft er, „wunderbar!
Erste Sahne, große Klasse. Du bist
unser Fußballstar.“

Und dann ist das Spiel zu Ende,
2:1 durch Friedas Tor.

Jan und Kalle sind begeistert,
heben Frieda hoch empor.

Frieda freut sich und ist glücklich,
fühlt sich gut und nicht mehr klein,
spielt ab jetzt wie Jan und Kalle
Fußball im Bad-Fölz-Verein.

6

Wir spielen zusammen Fußball

Heute hat Emil Besuch. Umut, Lasse und Finja sind gekommen. Finja hat sogar ihren neuen Ball mitgebracht. Emil freut sich. Jetzt kann er mit ihnen Fußball spielen. Das ist bestimmt ganz toll!

Alle stürmen hinaus in den Garten. Die beiden Apfelbäume sind das Tor. Umut stellt sich dazwischen und verkündet: „Ich bin der Tormann!“ – „Und ich schieße ganz viele Tore!“, ruft Emil begeistert.

Leider ist Tore schießen gar nicht so einfach. Emil rackert und rennt. Aber meistens haben die anderen den Ball.

Da, schon wieder ein Zweikampf! Emil kommt eine Fußspitze zu spät und Lasse flitzt mit dem Ball auf und davon. Emil jagt ihm nach, aber Lasse ist einfach zu schnell.

Schon holt er aus und – bamm – fliegt die Kugel an Umut vorbei. Lasse freut sich und feiert sein Tor ausgelassen. O Mann, wenn Emil doch auch endlich mal treffen würde!

Doch dann kommt die große Chance! Emil erobert den Ball. Aufgeregt dribbelt er los. Bis zum Tor ist es nicht mehr weit. Gleich! Gleich wird er den Ball versenken.

Aber plötzlich zieht jemand an seinem Trikot. Er stolpert und fällt hin. Wo ist der Ball? Den schießt Finja gerade ins Tor.

„Das war ein Foul!“, schimpft Emil.
„Ein ganz fieses Foul!“

„Gar nicht!“, behauptet Finja.
„Du bist einfach eine lahme Ente.“

So eine Gemeinheit! Emil hockt sich an den Rand und ist beleidigt. Aber die anderen kümmern sich überhaupt nicht um ihn und spielen einfach weiter. Pah, sollen sie doch! Mit denen spiele ich sowieso nie wieder.

Mit Umut und Lasse spielt Emil nie mehr.
Und erst recht nicht mit dieser blöden Finja!

Finja ist schon wieder am Ball. Schuss! Sie schießt fest. Viel zu fest! Der Ball fliegt über den Zaun. Weg ist er! Nebenan scheppert es verdächtig. Erschrocken schauen die Kinder sich an und Lasse murmelt: „Irgendwo ist etwas kaputtgegangen!“

„Und was ist mit meinem Ball?“, jammert Finja. „Mein schöner Ball! Den bekomme ich bestimmt nie mehr wieder!“ Das geschieht Finja doch ganz recht, oder?

Aber dann fängt Finja an zu weinen. Und da tut sie Emil auf einmal leid. Ganz doll leid sogar. Deshalb kann er nicht länger beleidigt sein.

Schnell läuft er hinüber und klingelt bei den Nachbarn. Er erzählt Frau Müller, was passiert ist. Die geht mit Emil in den Garten. Und wirklich, dort liegt Finjas Ball – in einem Haufen Scherben. Auweia!

Aber Frau Müller lacht und sagt: „Das war doch bloß ein alter Blumentopf." Puh! Glück gehabt!

Emil bringt Finja den Ball zurück. Finja freut sich. „Das fand ich ganz schön mutig von dir. Danke“, sagt sie. Dann legt sie den Ball für Emil zurecht und sagt: „Weil ich dich gefoult habe, bekommst du jetzt einen Freistoß!“

Wirklich? Finja, Lasse und Umut nicken.

Juhu! Emil nimmt Anlauf und schießt. Der Ball fliegt los. Umut reckt und streckt sich. Vergeblich. So einen tollen Schuss kann auch der beste Torwart nicht halten. Glücklich reißt Emil die Arme hoch und jubelt: „Tor! Tor! Tor!“

Emils Mama kommt in den Garten und ruft: „Abpfiff! Jetzt ist es nämlich Zeit für die Siegerehrung! Aber wer hat denn eigentlich gewonnen?“

Hhm, das ist gar nicht so einfach. Die Kinder überlegen eine Weile. Dann sagt Finja: „Ich glaube, wir alle. Wir alle zusammen.“

„Genau!“, sagt Emil. „Denn zusammen haben wir ganz viele Tore geschossen.“

Mama lacht und sagt: „Dann ist es ja gut, dass ich für jeden einen Pokal habe.“

„Ich wusste es doch“, sagt Emil zufrieden. „Fußball ist wirklich ganz toll!“

„Und morgen spielen wir weiter!“

Das Buch hat dir gefallen?

978-3-551-68118-8

978-3-551-08995-3

978-3-551-68114-0

978-3-551-68117-1

LESEMAUS
Geschichten, die die Welt erklären!

Hier findest du noch mehr …

978-3-551-68116-4

978-3-551-08992-2

978-3-551-08994-6

… Geschichten,  die die Welt erklären!

Sonderausgabe im Sammelband

ISBN: 978-3-551-68119-5
Umschlagkonzeption der Reihe: Karin Kröll
Illustration der Lesemaus: Hildegard Müller, Dorothea Tust, Karin Kröll
Coverillustration: Catharina Westphal
Umschlagillustration hinten und Vorsatz: Sabine Kraushaar
Lesemaus-Redaktion: Anja Kunle
Lektorat: Constanze Steindamm
Lithografie: ReproTechnik Fromme, Hamburg

Wir produzieren nachhaltig
• Klimaneutrales Produkt
• Papiere aus nachhaltigen und kontrollierten Quellen
• Hergestellt in Europa

FSC www.fsc.org
MIX
Papier | Fördert gute Waldnutzung
FSC® C018236

Liebe Eltern,

Lesen ist wichtig für die Entwicklung Ihres Kindes.
Egal, ob es ums Lernen oder Verstehen, um den Austausch im Alltag oder online geht – nichts geht ohne Lesen. Der erste Weg zum Lesen führt über das gemeinsame Anschauen und Vorlesen von Büchern.

Vorlesen ist die beste Leseförderung für Ihr Kind, denn

- es fördert die Nähe zu Ihrem Kind.
- es schult die sprachliche Entwicklung Ihres Kindes.
- es hilft Ihrem Kind, die Welt zu verstehen und andere Welten zu entdecken.
- es weckt in Ihrem Kind die Freude am Lesen.

Lesen macht Spaß!

Suchen Sie sich einen gemütlichen Ort, um mit Ihrem Kind Bücher anzuschauen und ihm vorzulesen. Sprechen Sie dabei über die Geschichten und Bilder. Erwecken Sie zusammen Geschichten zum Leben. So wird aus dem Vorlesen ein gemeinsames Erlebnis.

Die Reihe **LESEMAUS** hat viele schöne Vorlesegeschichten zur Auswahl, die besonders Kindern im Vorschulalter gefallen.

Eine tägliche Lesezeit von 15 bis 20 Minuten wäre toll. Mehr ist aber auf keinen Fall schädlich. Folgen Sie also gerne Ihrem Kind, wenn es **„Lies mir bitte vor!“** oder lautstark **„Noch mal!“** ruft.

Viel Freude beim gemeinsamen Lesen!

Dagmar Bergs-Winkels

Prof. Dr. Dagmar Bergs-Winkels
Alice Salomon Hochschule Berlin

Tor!